NIVEAU 2

L'épave et Le voyage du Horla

Guy de Maupassant

Adapté en français facile
par Catherine Barnoud

Édition : Brigitte Faucard
Illustrations : Thierry Alba
Direction artistique audio : Anne-Sophie Lesplulier
Conception couverture et mise en page : Christian Blangez
Photo de couverture : Ph. © Yaquina Head Lighthouse / Corbis / Fotolia

ISBN : 978-2-09-031373-4

Torrelaguna, 60 – 28043 Madrid
ISBN : 978-84-96597-96-9

1. Observe le bateau page 4. Coche la bonne réponse.

Une épave, c'est...

a. un bateau neuf. ☐

b. un bateau abandonné après un accident. ☐

c. un bateau en construction. ☐

2. À ton avis, quand a lieu cette histoire ? Coche la bonne réponse.

Georges Garin prend un train et un bateau à vapeur. Nous sommes...

a. à la fin du XVIe siècle. ☐

b. à la fin du XIXe siècle. ☐

c. au XXIe siècle. ☐

3. Imagine. Choisis la bonne réponse.

Un père et ses trois filles sont sur l'épave.

a. Ils cherchent un trésor. ☐

b. Ils sont perdus. ☐

c. Ils sont curieux. ☐

4. Précise.

a. L'île de Ré se trouve près de La Rochelle, entre Bordeaux et Nantes. Cherche sur une carte de France où se passe l'histoire.

b. À quel siècle vit Guy de Maupassant ?

....

Présentation

Georges Garin :
c'est le narrateur.
Il est inspecteur
d'une compagnie
d'assurances maritimes.

Le père et ses trois filles :
Anglais rencontrés par Georges Garin sur l'épave.

Le *Marie-Joseph* :
grand bateau échoué sur le sable, près de l'île de Ré.

L'épave

Ce jour-là, 31 décembre, je suis invité à déjeuner chez mon ami Georges Garin. Pendant le repas, son domestique lui apporte une lettre de l'étranger. Georges la lit, la met sur la cheminée puis il me dit :

– Cette lettre est liée à ma jeunesse... et me rappelle une belle histoire...

* * *

« J'ai alors trente ans et je suis inspecteur de la Compagnie d'assurances maritimes. C'est le 30 décembre. À neuf heures du matin, je reçois chez moi, à Paris, une lettre de mon directeur. Je vais immédiatement au bureau. Là, mon chef me dit que je dois partir pour l'île de Ré, où un bateau s'est échoué. C'est un trois-mâts assuré par notre compagnie.

une épave : bateau abandonné en mer ou sur le sable après un accident.
un domestique : homme qui s'occupe du ménage, de la cuisine, de servir dans une maison ; employé.
elle est liée à ma jeunesse : elle a une relation avec l'époque où j'étais jeune.
une assurance : système de protection financière contre les accidents, les incendies. Être assuré : avoir une assurance.
s'échouer : (pour un bateau) toucher le fond par accident et s'immobiliser ; ne plus flotter.
un trois-mâts : grand bateau à voile.

Ce soir-là, je prends le train pour La Rochelle où j'arrive le lendemain matin, 31 décembre.

Je trouve rapidement un bateau pour aller à l'île de Ré, le *Jean-Guiton*. Je suis impatient d'embarquer mais j'apprends que le bateau ne part pas immédiatement ; j'ai deux heures devant moi. Que faire ? Je décide de visiter La Rochelle, ville que je ne connais pas. Je découvre que c'est une vieille cité sérieuse, sans monuments admirables.

L'heure du départ arrive enfin !

Je monte dans le petit bateau à vapeur qui va à l'île de Ré. Il passe entre les deux tours antiques de la ville, quitte le port et se dirige vers la droite. Je regarde au loin.

C'est un jour triste, gris et humide. J'ai froid et je suis fatigué.

Dans le brouillard, la mer paraît jaune ; elle est peu profonde, sablonneuse, sans mouvement, sans vie. Seul le passage du *Jean-Guiton* laisse des vagues.

Je parle avec le capitaine, un petit homme rond comme son bateau. Je cherche des informations sur le sinistre que je vais constater. Je sais que le *Marie-Joseph* s'est échoué sur les sables de l'île de Ré, la nuit, à cause d'une tempête. Ma mission est de vérifier la situation de l'épave et d'imaginer

La Rochelle : ville située à l'ouest de la France, sur la côte (littoral atlantique).
le lendemain : le jour suivant.
le brouillard : air humide formé par des petites gouttes d'eau qui flottent près du sol et empêchent de bien voir ; brume.
sablonneux : constitué de sable.
une vague : mouvement de va-et-vient que fait l'eau dans la mer.
rond : un peu gros.

Le petit bateau à vapeur qui va à l'île de Ré quitte le port et se dirige vers la droite.

l'état du bateau avant le **naufrage**. Je suis le représentant de la Compagnie d'assurances et je dois penser à ses intérêts.

Le capitaine du *Jean-Guiton* m'explique :

– Le *Marie-Joseph*, perdu dans la tempête, s'est échoué sur le sable et il est impossible de le ramener au port, à cause des marées. En effet, à marée basse, l'eau se retire très loin et le bateau se retrouve comme au milieu du désert du Sahara… et la marée haute ne dure pas **assez longtemps** pour pouvoir intervenir.

Je regarde autour de moi et devant moi. Entre l'océan et le ciel, je vois une terre. Je demande :

– C'est l'île de Ré ?

– Oui monsieur.

Le capitaine me montre quelque chose, en pleine mer, et dit :

– Regardez, c'est votre bateau !

– Le *Marie-Joseph* ?

– Oui.

Je suis stupéfait. Le point noir qu'il me montre est au moins à trois kilomètres des côtes.

– Mais, capitaine, comment je vais faire pour l'approcher ? Il est très loin et c'est très profond, là-bas !

Il rit.

– Il est neuf heures quarante, me dit-il et nous sommes à marée haute. Vous allez d'abord déjeuner à l'hôtel puis

un naufrage : abandon d'un bateau après un accident en mer.
assez longtemps : ici, le temps suffisant.

– Regardez, c'est votre bateau ! dit le capitaine.

vous pourrez y aller à pied, par la plage. À deux heures cinquante, vous arriverez à l'épave sans difficulté et les pieds au sec. Vous disposerez alors de deux heures pour la visiter... pas une minute de plus car l'eau montera à nouveau... et vite ! Quittez l'épave à quatre heures cinquante ; à sept heures et demie vous serez sur le *Jean-Guiton* et je vous conduirai à La Rochelle.

– Merci, capitaine, dis-je.

Puis je vais m'asseoir à l'avant du bateau. Nous approchons de Saint-Martin, un important village de pêcheurs.

les pieds au sec : ici, cela signifie que l'homme ne sera pas obligé de marcher dans l'eau.
l'avant : partie antérieure du bateau.

* * *

Je déjeune dans un hôtel puis je vais observer la mer. Elle baisse rapidement. Je peux maintenant aller à pied en direction du point noir que j'**aperçois**, là-bas.

Je marche sur la **plaine** jaune. Maintenant la mer est loin ; impossible de distinguer la ligne qui sépare le sable de l'océan. J'avance seul au milieu d'un désert. Je sens l'odeur de la vague, la délicieuse odeur du bord de mer.

Je marche vite ; je suis bien, je n'ai plus froid. Je regarde continuellement l'épave. Je la vois bien maintenant. Elle **ressemble à** une énorme **baleine** couchée sur le sable. Une heure plus tard, j'arrive enfin près d'elle.

* * *

Je l'examine attentivement : l'avant a pénétré dans le sable et l'**arrière** paraît s'élever vers le ciel. Brusquement, je lis *Marie-Joseph* : ces deux mots blancs sur le bateau noir sont comme un cri désespéré.

Je monte sur le bateau par le côté le plus bas. Je marche sur le **pont** puis je vais voir l'intérieur. Tout est obscur ; le sable est partout. Je commence à prendre des notes sur l'état du bateau. C'est un moment de grande solitude. J'ai froid... j'arrête d'écrire pour écouter le bruit mystérieux de l'épave. J'ai l'impression que mille petits animaux de la mer habitent le **navire** et le dévorent.

apercevoir : commencer à voir plus ou moins distinctement.
une plaine : terme géographique pour désigner une surface plane ; ici, la plage.
ressembler à : avoir l'aspect de (une baleine).
une baleine : très grand animal (mammifère) qui vit dans la mer.
l'arrière : partie postérieure du bateau.
le pont : partie supérieure d'un bateau qui n'est pas couverte.

1. Le début de l'histoire. Vrai ou faux ? V F

a. Georges Garin part de Paris le 1er janvier. ☐ ☐

b. Il travaille pour une compagnie d'assurances. ☐ ☐

c. Il doit inspecter un bateau accidenté. ☐ ☐

d. L'île de Ré est loin de La Rochelle. ☐ ☐

2. Entoure la bonne réponse.

a. Georges trouve que La Rochelle est une ville *agréable – qui n'a pas de beaux monuments.*

b. C'est *une belle journée – un jour gris.*

c. Georges arrive sur l'île de Ré *avant le déjeuner – le soir.*

d. Il s'approche de l'épave *à marée basse – à marée haute.*

3. Complète les phrases avec : *heure, désert, tempête, baleine.*

a. Perdu dans une ......, le *Marie-Joseph* s'échoue sur les sables de l'île de Ré.

b. À marée basse, les côtes ressemblent à un ......

c. Georges marche pendant une ...... pour arriver à l'épave.

d. Vue de loin, l'épave fait penser à une énorme ...... couchée sur le sable.

4. Coche les phrases exactes.

Sur le bateau, Georges...

a. prend des notes. ☐

b. se sent seul. ☐

c. entend des gens parler. ☐

d. voit des animaux. ☐

– Vous êtes le propriétaire de ce bateau ? demande l'homme.

Brusquement, j'entends des voix humaines près de moi. Qu'est-ce que c'est ? Une apparition ? J'imagine deux noyés... est-ce qu'ils vont me raconter leur mort !!! Vite, je monte sur le pont.

Je vois alors, devant le bateau, un grand monsieur avec trois jeunes filles. C'est un Anglais avec trois *misses*. Quand j'apparais sur le pont, ils ont une réaction de peur, surtout les filles : la plus jeune s'éloigne rapidement ; les deux autres prennent le bras de leur père. Peu après, l'homme me demande :

– Vous êtes le propriétaire de ce bateau ?

– Oui, monsieur, d'une certaine manière.

– Est-ce que je peux le visiter ?

– Naturellement.

Il dit une longue phrase en anglais, mais je comprends seulement ce mot : *gracious*, prononcé trois ou quatre fois.

Je lui indique le meilleur endroit pour monter puis nous aidons les trois filles, enfin rassurées. Elles sont charmantes... elles font penser aux perles rares et précieuses qui naissent au fond des océans. L'aînée surtout, de dix-huit ans, délicate comme une fleur, et si belle !

un noyé : personne morte asphyxiée sous l'eau.
un endroit : lieu.
rassuré : tranquille après un moment de peur.
charmant : très agréable, très joli.
rare : qu'on ne trouve pas facilement, exceptionnel.
naître : commencer à exister.
L'aîné/e : dans une famille, l'enfant qui est né le premier.
délicat : ici, fin, sensible, fragile.
si : marque l'intensité ; tellement, à un tel degré.

Elle parle mieux le français que son père ; elle nous sert d'interprète. Je raconte le naufrage dans tous ses détails : j'imagine la catastrophe. Puis toute la famille descend à l'intérieur de l'épave. Quand ils entrent dans cet espace obscur, ils poussent des cris de surprise et d'admiration.

Ils ont tous les quatre des cahiers et des crayons. Ils commencent à faire des croquis de l'intérieur du *Marie-Joseph*, ce lieu triste et étrange.

Je continue à inspecter le « squelette » du navire. L'aînée me raconte qu'ils passent l'hiver à Biarritz. Ils sont venus passer trois jours à La Rochelle. Ils ont entendu parler du bateau échoué et ils ont décidé de voir l'épave.

Elle est vraiment très sympathique et a une manière agréable de parler, de raconter, de rire. Quand elle ne comprend pas, elle arrête de dessiner et cherche à deviner ce que je dis. Elle dit souvent *yes* ou *no*. J'admire ses beaux yeux bleus.

Brusquement, elle murmure :

– J'entends un petit bruit, pas vous ?

J'écoute ; elle a raison : c'est un bruit léger, étrange, continu. Qu'est-ce que c'est ? Je vais regarder à l'extérieur ; je pousse un grand cri : la mer arrive ; elle va nous entourer !

Je fais monter tout le monde sur le pont. Trop tard !

un croquis : dessin rapide.
Biarritz : ville du Sud-Ouest de la France, située sur la côte atlantique et proche de la frontière espagnole.
souvent : fréquemment.
entourer (quelqu'un) : être autour, de tous les côtés.
trop : ici, excessivement.

L'aînée est vraiment très sympathique et a une manière agréable de parler, de raconter, de rire.

L'eau court vers la côte à une vitesse incroyable ! Elle nous entoure complètement.

L'Anglais veut partir.

– Non, lui dis-je, c'est très dangereux.

Nous vivons une minute d'angoisse. Puis la petite Anglaise dit avec un sourire :

– Nous sommes les naufragés !

Je veux rire, mais la peur est plus forte. J'ai envie de crier : « Au secours ! » Mais qui peut nous entendre ?

Les deux petites Anglaises se serrent contre leur père. Lui, il regarde la mer immense autour de nous. La nuit arrive.

– Nous devons rester sur le bateau ; je ne vois pas d'autre solution, dis-je.

L'Anglais répond :

– Oh ! *yes* !

* * *

Nous restons sur le pont. Un quart d'heure passe, puis une demi-heure. Une des filles a froid. Nous décidons de descendre... Impossible : l'intérieur du navire est plein d'eau !!! Nous sommes donc serrés les uns contre les autres, entourés d'eau et dans l'obscurité.

dangereux : qui représente un danger, qui peut être une menace pour la vie de quelqu'un.
l'angoisse : très grande préoccupation avec un sentiment de peur.
un naufragé : victime d'un naufrage, d'un accident en mer.
se serrer : se mettre tout près de, contre (quelqu'un).

Nous sommes donc serrés les uns contre les autres,
entourés d'eau et dans l'obscurité.

Le temps passe. Une heure ? deux heures ? Je l'ignore. La jeune Anglaise **tremble** contre moi. Nous ne parlons plus ; nous sommes immobiles. La situation est grave mais je suis heureux d'être là, près de cette jolie fille.

J'ai cette sensation de bien-être et de **joie** parce qu'elle est là ! Oui, elle, cette petite Anglaise **inconnue**. Je me sens merveilleusement bien près d'elle ! Je veux faire mille **folies** pour elle ! Que se passe-t-il ? L'amour sans doute... oui, c'est bien cela !

Bientôt le silence est **effrayant**. La plus petite des filles commence à pleurer. Son père veut la consoler. Ils parlent dans leur langue ; je ne comprends pas ce qu'ils disent mais je vois qu'elle a **toujours** peur.

Je demande à ma voisine :

– Vous avez froid, *miss* ?

– Oui, très froid.

Je veux lui donner mon manteau, elle dit non mais je le mets sur elle. L'air est maintenant plus **vif**, le bruit de l'eau plus fort contre le navire : le vent se lève !

L'Anglais dit simplement :

– C'est mauvais pour nous, cette...

trembler : être agité de petits mouvement (à cause du froid, de la peur...).
la joie : grande satisfaction, bonheur.
inconnu : qu'on ne connaît pas.
une folie : ici, acte insensé.
effrayant : qui fait peur.
toujours : ici, indique qu'une action, un état continue ; encore.
vif : ici, froid.

C'est la mort certaine si des vagues emportent l'épave.

Oui, c'est la mort certaine si des vagues emportent l'épave.

Les rafales sont brusquement très fortes. Notre angoisse augmente de seconde en seconde. Maintenant, la mer agite fortement le *Marie-Joseph.* La jeune Anglaise tremble de tout son corps. J'ai envie de la prendre dans mes bras.

Là-bas, devant nous, à gauche, à droite, et derrière nous, des phares brillent sur les côtes, des phares blancs, jaunes, rouges ; ils me font penser à des yeux énormes, à des yeux de géants qui nous observent.

De temps en temps, l'Anglais regarde l'heure à la lumière d'une allumette. Brusquement il me dit d'un ton sérieux :

certain : sûr, évident.
emporter : ici, faire disparaître sous l'eau.
une rafale (de vent) : coup de vent brusque et violent.
de tout son corps (trembler) : tout son corps tremble.
un géant : dans les légendes et les contes, personnage gigantesque.
une allumette : petit bâton de bois avec une extrémité rouge qu'on utilise pour allumer du feu, une cigarette.

– Bonne année, monsieur.

Il est minuit ! Je lui serre la main. Puis il prononce une phrase en anglais, et ses filles chantent ***God save the Queen***.

Au début, j'ai envie de rire mais je ressens bientôt une grande émotion. Ce chant de naufragés est comme une prière sublime. À la fin, je demande à ma voisine de chanter seule pour nous faire oublier nos angoisses. Elle accepte et sa voix claire s'élève dans la nuit.

La mer grossit. J'écoute cette belle voix et je pense aux sirènes… Oui, cette fille de la mer, prisonnière sur ce navire, est une sirène...

Le *Marie-Joseph* s'incline du côté droit et nous tombons tous les cinq sur le pont. La jeune Anglaise est sur moi ; je la prends dans mes bras et, je ne sais pas pourquoi, j'embrasse ses cheveux. Le bateau est à nouveau immobile.

– Kate ! dit le père.

– *Yes*, répond la jeune fille et elle fait un mouvement pour se libérer.

À ce moment, j'ai un seul désir : tomber à l'eau avec elle.

– Ce n'est rien. Mes trois filles vont bien, dit l'Anglais.

Je me lève lentement. Brusquement, je vois une lumière sur la mer, près de nous. Je crie, quelqu'un me répond. Une

serrer la main (à quelqu'un) : prendre la main de quelqu'un et la maintenir avec une légère pression.
God save the Queen : hymne national anglais.
une prière : formules, phrases qu'on dit à Dieu, pour exprimer un avant sentiment religieux.
grossir : ici, être plus fort, plus mouvementé.
embrasser : ici, toucher avec ses lèvres les cheveux de la jeune fille.

Je prends la jeune Anglaise dans mes bras et j'embrasse ses cheveux.

barque nous cherche : le patron de l'hôtel a pensé à notre imprudence.

Nous sommes sauvés. On nous ramène à Saint-Martin.

* * *

À l'hôtel, l'Anglais se frotte les mains et dit :

– Nous allons enfin dîner !

Nous mangeons ensemble. Je suis un peu triste... je pense avec nostalgie au *Marie-Joseph.*

Le lendemain, après de nombreuses promesses de nous écrire, nous nous séparons. Ils partent pour Biarritz.

Je suis fou ; je veux me marier avec cette jeune fille, que je connais à peine !

* * *

Deux ans passent sans nouvelles d'eux. Puis je reçois une lettre de New York où elle m'écrit qu'elle est mariée.

Depuis ce jour, nous nous écrivons tous les ans, au 1er janvier. Elle me raconte sa vie, me parle de ses enfants, de ses sœurs, jamais de son mari ! Pourquoi ?... Et moi, je lui parle uniquement du *Marie-Joseph*...

Tout passe... Elle est vieille, maintenant... Elle m'écrit que ses cheveux sont blancs... Mon Dieu !... Ah ! ses cheveux blonds... Non, la femme aimée n'existe plus... Que c'est triste... !!! »

être sauvé : échapper à un grand danger, à la mort.
ensemble : les uns avec les autres.
se marier : devenir le mari ou la femme de quelqu'un.
depuis : à partir de (une date, un lieu).

Nous mangeons ensemble.

1. Vrai ou faux ?

	V	F
a. Georges Garin entend des voix.	☐	☐
b. Il trouve des marins sur le pont du bateau.	☐	☐
c. Une famille d'Anglais est venue voir l'épave.	☐	☐
d. Georges leur fait visiter le bateau.	☐	☐

2. Coche les phrases exactes.

a. Les quatre Anglais prennent des photos de l'épave. ☐

b. La mer monte et les cinq personnes sont prisonnières sur le bateau. ☐

c. Georges tombe amoureux de la jeune Anglaise. ☐

d. Les vagues emportent l'épave et ses passagers. ☐

e. Une barque arrive et sauve les cinq personnes. ☐

3. Coche. (Plusieurs réponses possibles.) Quels sentiments éprouve Georges Garin...

a. avant la rencontre avec les Anglais ?

la solitude ☐ le bonheur ☐ la peur ☐ la tristesse ☐

b. quand il est près de la jeune Anglaise ?

l'admiration ☐ la jalousie ☐ la joie ☐ la tristesse ☐

4. Que se passe-t-il à la fin ? Coche la bonne réponse.

a. Georges Garin va se marier avec Kate. ☐

b. Il ne va jamais revoir la jeune fille. ☐

Donne ton opinion...

a. Que penses-tu de la rencontre de Georges Garin avec les Anglais ? Justifie ta réponse.

b. À ton avis, pourquoi Georges Garin raconte cette histoire à son ami ?

Réfléchis...

a. À ton avis, Georges Garin aime toujours Kate ?

b. Penses-tu que c'est un homme heureux ?

Parle...

a. Peut-on être amoureux d'une personne qu'on connaît à peine ?

b. Peut-on être amoureux pendant des années d'une personne qu'on ne voit jamais ?

c. As-tu vu une épave ? Quelle impression tu as eue ?

d. Aimerais-tu faire un voyage en mer ? Avec qui ? Où ? Pendant combien de temps ?

Imagine...

Imagine une situation extrême. Trois personnes sont bloquées (à la montagne, en mer...) et attendent de l'aide.

Joue la scène avec deux autres personnes.

1. Observe.

Regarde la présentation page 28. Coche la bonne réponse.

Le Horla est...

- **a.** le nom d'un personnage. ☐
- **b.** le nom de l'auteur. ☐
- **c.** le nom d'un ballon dirigeable. ☐

2. Imagine.

Cette histoire raconte un voyage...

- **a.** dans les airs. ☐
- **b.** en montagne. ☐
- **c.** en mer. ☐

3. Précise.

Au XIXe siècle, pour se déplacer, on peut utiliser...

- **a.** le train à vapeur. ☐
- **b.** l'avion airbus. ☐
- **c.** le scooter. ☐
- **d.** la bicyclette. ☐
- **e.** le ballon dirigeable. ☐
- **f.** le bateau à vapeur. ☐

Présentation

Le capitaine Jovis :
il dirige les ateliers où est
construit le ballon dirigeable.

Monsieur Mallet :
pendant ce voyage,
il pilote le ballon dirigeable.

Les trois voyageurs :
Étienne Beer, Paul Bessand
et Guy de Maupassant

***Le Horla* :**
nom du ballon dirigeable.

Le voyage du *Horla*

Texte publié dans journal Le Figaro du 16 juillet 1887.

Le 8 juillet, je reçois ce message : « Beau temps sur la frontière belge. Départ du matériel et du personnel à midi. Les manœuvres commenceront à trois heures. Je vous attends à l'usine à partir de cinq heures. JOVIS. »

* * *

À cinq heures, j'arrive à l'usine à gaz de la Villette, qui est immense. Dans la cour d'entrée, je vois aussitôt le ballon -une grande galette jaune- par terre, sous un filet. J'imagine un poisson pris et mort.

Deux ou trois cents personnes le regardent, assises ou debout, ou bien examinent la nacelle, un joli panier carré. Sur ce panier, on peut lire, en lettres d'or : ***Le Horla***.

une manœuvre : ici, mouvement à effectuer pour faire fonctionner le ballon.
l'usine à gaz de la Villette : une usine est une fabrique. Située au nord de Paris, l'usine de la Villette donne du gaz à la ville. En 1887, on utilise le gaz pour la lumière des rues et ici, pour le ballon.
une cour : espace en plein air, situé devant l'usine.
par terre : sur le sol.
un filet : ici, ce sont les cordes qui portent la nacelle (voir dessin p. 28) ; un filet est aussi un objet qui permet de prendre des poissons.
une nacelle : endroit où se placent les passagers dans le ballon.
un panier : objet (en osier, jonc, bambou...) qui sert à transporter des marchandises : légumes, œufs...
Le Horla : c'est le nom du ballon mais c'est avant aussi le titre d'une histoire fantastique de Maupassant. L'auteur est le parrain du ballon.

Brusquement, les spectateurs se précipitent car le gaz commence à pénétrer dans le ballon. *La bête* va gonfler et va bientôt s'envoler !

Les aides du capitaine Jovis vérifient la pression. Elle doit être répartie de manière égale sur tous les points : c'est une opération délicate et de grande importance.

M. Mallet a dessiné *Le Horla* et a participé à sa construction. Tout est nouveau dans ce ballon et, en particulier, le vernis. Cette découverte du capitaine Jovis est inestimable pour l'aérostation.

Aujourd'hui, nous allons enfin expérimenter ce ballon d'un nouveau type avec bonheur et succès.

Le ballon continue à grossir, lentement. Un aide du capitaine Jovis découvre des petits trous qui se sont produits pendant le transport. On les bouche avec des morceaux de journal et de l'eau. Cette méthode préoccupe un peu le public. Pas le capitaine : c'est une pratique efficace et habituelle.

Le capitaine Jovis et son personnel s'occupent des

gonfler : augmenter de volume grâce au gaz qui remplit le ballon.
s'envoler : partir dans les airs.
un aide : personne qui aide une autre personne dans son travail ; collaborateur.
un vernis : produit brillant et transparent (sorte de peinture) qu'on utilise pour protéger un meuble...
l'aérostation : étude et construction des aérostats ou ballons dirigeables qui contiennent un gaz plus léger que l'air.
le succès : excellent résultat.
grossir : être plus gros.
un trou : orifice (ici, dans la toile du ballon).
boucher : fermer.

Le ballon continue à grossir, lentement.

derniers détails. Nous, les voyageurs, nous allons dîner au restaurant de l'usine à gaz.

Quand nous revenons, l'aérostat se balance, énorme et transparent. Avec les derniers rayons du soleil, il ressemble à un fruit d'or, à une poire fantastique.

Les aides fixent la nacelle, apportent les baromètres, la sirène, des aliments pour le voyage, les vêtements et tout le petit matériel.

Tout à coup, le capitaine Jovis appelle les passagers. Monsieur Mallet monte dans le filet aérien qui se trouve entre la nacelle et l'aérostat. Là, pendant toute la nuit, il dirigera la marche du *Horla* à travers le ciel.

tout à coup : brusquement.

M. Étienne Beer monte alors dans la nacelle, puis M. Paul Bessand et moi.

M. Jovis, debout sur le bord de la nacelle, demande aux dames de s'éloigner un peu. Il a peur de jeter du sable sur leurs chapeaux. Enfin, face au public, il dit, très fort : « En route ! » et il coupe les cordes. *Le Horla* est enfin libre !

* * *

Aussitôt, nous montons, nous volons, nous planons. Nos amis crient et applaudissent, nous les entendons à peine. Nous sommes loin maintenant et haut, très haut ! Au-dessous de nous, Paris apparaît obscure, bleue, avec ses rues, ses places ; autour, la campagne avec les longues routes, minces et blanches au milieu des champs verts et des bois quasiment noirs.

La Seine a l'air d'un gros serpent immobile ; nous ne voyons ni la tête ni la queue ; elle vient de là-bas, elle s'en va au loin, et elle traverse Paris.

Le soleil, caché en bas, apparaît brusquement pour nous. Nous avons l'impression qu'il se lève à nouveau, et notre ballon s'illumine dans cette clarté.

Régulièrement, M. Mallet jette une feuille de papier à cigarettes dans les airs, l'observe puis il dit tranquillement :

s'éloigner : se mettre plus loin.
jeter du sable : des sacs de sable sont fixés à la nacelle ; quand on jette le sable, le ballon monte.
la campagne : ensemble des terres, à l'extérieur des villes, où il y a des champs cultivés...
un bois : terrain couvert d'arbres.
avoir l'air : paraître.
caché : qu'on ne peut pas voir.
la clarté : lumière.

M. Jovis, debout sur le bord de la nacelle, demande aux dames de s'éloigner un peu.

« Nous montons, nous montons toujours. » En effet, si le papier donne l'impression de tomber comme une pierre -en réalité, il reste immobile-, cela signifie que le ballon monte et c'est ce qui se passe avec tous les papiers jetés.

Le capitaine Jovis se frotte les mains et répète avec enthousiasme : « Ce vernis ! Ce vernis ! »

Les deux baromètres indiquent cinq cents mètres. Nous regardons avec admiration cette terre au-dessous de nous. Elle ressemble à une carte de géographie, à un immense plan. Chose étrange, les bruits qui viennent de la terre sont très reconnaissables : le hennissement des chevaux, le bruit des roues des voitures sur les routes, le sifflement des trains... Quand nous passons au-dessus d'un village, nous entendons surtout les cris et les rires des enfants.

au-dessous de : plus bas que, contraire de *au-dessus de :* plus haut que.
reconnaissable : qu'on peut reconnaître, identifier facilement.
un hennissement : cri du cheval.
un sifflement (de train) : ici, le son aigu produit par un train à vapeur.

Des hommes nous appellent, des locomotives sifflent : nous répondons avec la sirène.

Des lumières s'allument, surtout dans les villes. Nous allons vers le nord-ouest. Une rivière apparaît : c'est l'Oise. Nous discutons pour savoir où nous sommes. Cette ville qui brille là-bas, est-ce Creil ou Pontoise ? Et ce feu, cet énorme feu sur la gauche, n'est-ce pas l'usine de Montataire ?

Nous volons en réalité au-dessus de Creil. Le spectacle est surprenant ! Sur la terre, il fait nuit mais nous, nous avons encore de la lumière, et il est plus de dix heures !

Maintenant nous entendons les bruits légers de la campagne, le cri des oiseaux, des chats et des chiens. Les chiens sentent le ballon, le voient et aboient pour donner l'alarme. Tous les animaux paraissent effrayés par ce monstre aérien.

De délicieuses odeurs montent vers nous : odeur de l'herbe coupée, des fleurs et de la terre. Je respire avec plaisir cet air léger et agréable. Je connais un bien-être profond, un bien-être du corps et de l'esprit. J'aime cette sensation nouvelle de traverser l'espace avec légèreté.

Quand nous descendons, monsieur Mallet dit au capitaine Jovis : « Nous descendons, jetez du sable ! ». Le capitaine obéit aussitôt.

discuter : parler, donner son opinion.
l'usine de Montataire : usine de métallurgie.
aboyer : crier (pour un chien).
effrayé : qui a peur.
obéir : faire ce qu'on nous dit, ordonne de faire.

– Nous descendons, jetez du sable ! dit monsieur Mallet.

La manœuvre du ballon me passionne. C'est un énorme jouet, libre et docile, qui obéit avec une surprenante sensibilité ; mais c'est aussi l'esclave du vent que nous ne pouvons pas contrôler. Pour le faire monter, il faut jeter un peu de sable, la moitié d'un journal ou des gouttes d'eau. Mais l'air humide et froid, qui vient d'un bois ou d'une rivière, peut le faire descendre de deux cents mètres. Sur les champs cultivés, le ballon se maintient ; par contre, sur les villes il s'élève.

La terre dort maintenant ou, plus exactement, l'homme dort sur la terre. Les animaux, éveillés, annoncent toujours notre arrivée.

* * *

Brusquement, nous sentons une odeur de gaz, forte et continue. Nous avons sans doute trouvé un courant chaud, et le ballon se gonfle.

Nous montons. La terre est loin maintenant. Nous sommes à plus de six cents mètres. Cette fois, la lumière n'est pas suffisante et elle ne nous permet pas de consulter les instruments ; nous savons seulement que nous montons toujours, toujours.

* * *

La terre est loin maintenant.

1. Remets ces phrases dans l'ordre (de 1 à 5).

a. Les passagers montent dans la nacelle.

b. Les passagers admirent la terre depuis le ciel.

c. Le personnel gonfle le ballon avec du gaz.

d. Le ballon vole au-dessus de Paris.

e. Le capitaine Jovis coupe les cordes.

2. Entoure la bonne réponse.

a. *Le Horla* est *un nouveau type de ballon – un ballon classique.*

b. Dans ce ballon, ce qui est particulièrement intéressant, c'est *la toile – le vernis.*

c. C'est une découverte faite par *Maupassant – Jovis.*

d. Le voyage du *Horla* est un vol *de routine – expérimental.*

3. Vrai ou faux ?

	V	F
a. Cinq passagers partent en voyage en ballon.	☐	☐
b. Il y a trois hommes et deux femmes dans le ballon.	☐	☐
c. Guy de Maupassant n'apprécie pas beaucoup ce voyage.	☐	☐
d. Le froid fait descendre le ballon.	☐	☐
e. La chaleur fait monter le ballon.	☐	☐

4. Coche puis justifie ta réponse.

Cette histoire est...

a. une fiction. ☐

b. une aventure vécue par l'auteur. ☐

Nous ne distinguons plus la terre et sur nos têtes, des étoiles brillent.

La lune apparaît tout à coup derrière un nuage, plus bas que nous. Nous la regardons de très haut, comme des spectateurs à un balcon. Elle est **ronde** et elle monte lentement dans le ciel.

La terre est sous les nuages. Nous sommes seuls maintenant dans l'immensité avec la lune qui ressemble à un ballon, en face de nous. Nous ne parlons plus, nous ne pensons plus, nous ne vivons plus : nous nous promenons tranquillement à travers l'espace. Nous sommes sans voix, contents et fous, comme **enivrés** par ce prodigieux voyage. Tous nos souvenirs ont disparu, nos préoccupations aussi, nous n'avons pas de projets ni d'espérances. Nous regardons et nous vivons ce moment fantastique. Nous sommes un monde vagabond, un monde en marche, comme nos sœurs, les planètes ; nous sommes cinq hommes qui ont quitté la terre et l'ont **presque** oubliée.

Grâce à la lune, nous voyons maintenant très bien les baromètres ; ils indiquent mille deux cents mètres, puis mille trois cents, mille quatre cents, mille cinq cents.

Le capitaine Jovis dit que la lune fait souvent monter les aérostats. Le voyage vers le haut va continuer.

Nous sommes maintenant à deux mille mètres. Nous montons à deux mille trois cent cinquante mètres et le ballon s'arrête enfin. Nous faisons entendre la sirène, mais

rond : qui a une forme circulaire, la forme d'une boule.
enivré : qui a bu un peu trop d'alcool ; ici, rempli d'une excitation très agréable.
presque : quasiment.

– C'est l'ombre de notre ballon, dit le capitaine.

les étoiles ne nous répondent pas.

À présent, nous descendons. M. Mallet crie : « Jetez du sable ! » Notre chute est rapide. Voici la terre !

Où sommes-nous ? le voyage dans le ciel a duré plus de deux heures : il est plus de minuit et nous traversons un grand pays, où les routes sont nombreuses. Voici une ville, une grande ville à droite, une autre à gauche, plus loin. Mais, brusquement, au-dessous de nous, une lumière s'allume et s'éteint, puis elle apparaît, et disparaît à nouveau. Jovis s'écrie : « Regardez, c'est le reflet de la lune dans l'eau. C'est absolument sublime ! »

En effet, le spectacle est merveilleux. Mais le ballon va vite et nous avons à peine le temps de l'admirer.

Nous sommes maintenant plus près de la terre, et notre ami Beer s'écrie : « Regardez ! Quelque chose court là-bas, dans ce champ… c'est un chien ? » Le capitaine rit : « C'est l'ombre de notre ballon. », dit-il.

Nous allons en direction de la Belgique. Notre sirène appelle et des cris nous répondent. Nous demandons : « Où sommes-nous ? » Mais le ballon va très vite et les gens n'ont pas le temps de nous répondre. L'ombre du *Horla* court devant nous, sur les champs, les routes et les bois. J'entends maintenant le bruit du vent dans les arbres.

Je demande au capitaine Jovis : « Vous entendez le

une chute : action de tomber.
un reflet : image qui se reproduit (d'une manière plus ou moins exacte) dans l'eau, dans un miroir...
une ombre : ici, zone obscure qui reproduit la forme d'un corps qui intercepte la lumière ; silhouette.

vent ? » Il me répond : « Non. » J'insiste. Jovis met son doigt sur sa bouche : je me tais. Je comprends : il entend l'orage mais il ne veut rien dire pour ne pas préoccuper ses passagers.

Tout à coup, une ville considérable apparaît juste devant nous. C'est Lille, sans doute. Nous apercevons une briqueterie. Puis deux, trois. Nous voyons les hautes cheminées avec leurs flammes et nous entendons des bruits de métal.

« Où sommes-nous ? »

Une voix ironique nous répond :

« Dans un ballon.

– Où sommes-nous ?

– Lille. »

Mais nous ne voyons plus la ville. Maintenant, c'est Roubaix sur la droite, puis des champs bien cultivés, réguliers, jaunes, gris ou bruns dans la nuit. Des nuages sont nombreux derrière nous et cachent la lune. À l'Est, le ciel est plus clair : un peu de bleu apparaît avec des reflets rouges. Nous voyons mieux les petits détails de la terre : les trains, les rivières, les vaches, les maisons...

Les coqs chantent, mais la voix des canards domine tout.

un orage : perturbation atmosphérique avec des phénomènes électriques (éclairs, tonnerre).

Lille : grande ville du nord de la France, près de la frontière belge.

une briqueterie : fabrique de briques (objets en terre rouge cuite qui servent à construire des maisons) ; dans le nord de la France, les murs des maisons sont souvent en briques.

une flamme : quand on allume un feu, il y a des flammes. *Les flammes dansent dans la cheminée.*

Roubaix : ville près de la frontière belge.

C'est Bruges !

Les paysans agitent les bras, nous crient : « Laissez-vous tomber ! » Mais nous continuons notre route.

Jovis signale une autre ville, très loin. Nous nous approchons ; elle est magnifique, vue d'en haut. C'est Gand ?

Nous sommes très près maintenant : elle est entourée d'eau, traversée par des canaux. Les cloches sonnent trois heures. C'est Bruges !

Peu après, Paul Bessand me dit : « Regardez sur la droite, là, devant vous ! C'est un fleuve, n'est-ce pas ? »

un canard : oiseau au bec large et aux pattes palmées. Il nage très bien.
un paysan : personne qui cultive la terre ; agriculteur.
Gand : ville située en Belgique, entre Bruges et Bruxelles.
une cloche : située à l'extérieur d'une église, elle sonne pour indiquer les heures.
Bruges : ville située à l'ouest de la Belgique, près de la mer du Nord.

Devant nous, en effet, je vois un fleuve, un immense fleuve avec des îles.

« Préparons-nous pour descendre », dit le capitaine. M. Bessand s'écrie alors : « Mais il y a des bateaux. C'est la mer, à gauche et en face ! »

Nous avons une minute ou deux pour descendre.

Derrière nous, on entend le tonnerre. « Tirez ! » crie Jovis. Nous passons sur un canal. La nacelle s'incline deux fois. Elle touche des grands arbres mais cela ne freine pas la marche du *Horla*. Nous arrivons à toute vitesse sur une ferme. Les poules, les canards volent dans tous les sens.

Jovis jette le dernier demi-sac de sable et *Le Horla* passe au-dessus du toit de la ferme.

Enfin, nous jetons l'ancre derrière nous, dans un grand champ. Mon Dieu ! des arbres ! « Attention aux têtes ! » Nous passons au-dessus ; puis nous sentons une forte secousse. L'ancre s'est fixée.

« Préparez-vous ! Nous allons toucher terre. » La nacelle touche en effet le sol, vole à nouveau, tombe une nouvelle fois et se pose enfin.

Il est trois heures quinze du matin et l'orage est derrière nous.

Des paysans arrivent, mais ils ont peur de s'approcher.

un fleuve : grande rivière qui va jusqu'à la mer (la Seine, la Loire...).
le tonnerre : bruit très violent pendant un orage, après un éclair.
un toit : le toit couvre une maison ; il sert à la protéger des intempéries.
une ancre : objet en métal (utilisé pour les bateaux) qui sert à immobiliser l'appareil.
une secousse : un choc, un mouvement violent.

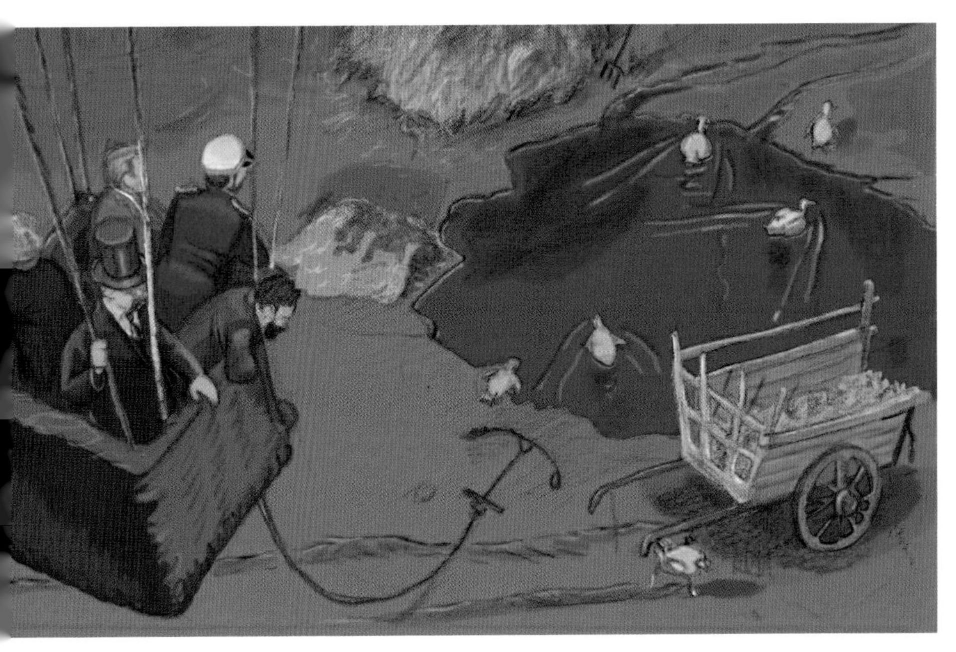

– Préparez-vous ! Nous allons toucher terre.

Ils se décident enfin et viennent nous libérer. Nous ne pouvons pas descendre pour le moment. L'aérostat doit se dégonfler. Nous devons attendre.

Nous parlons avec les gens ; nous répondons à leurs questions et nous descendons enfin.

Les paysans belges nous aident ensuite à plier notre matériel et nous allons à la gare de Heyst. À huit heures vingt, nous prenons le train pour Paris.

Grâce au capitaine Jovis, j'ai pu voir, depuis le ciel, le coucher du soleil, le lever de la lune et le retour du jour. Tout cela en une seule nuit.

16 juillet 1887

se dégonfler : perdre de l'air et diminuer de volume.
plier : rabattre une chose sur elle-même, mettre en double une ou plusieurs fois. *Je plie mon pull et je le mets dans l'armoire.*
Heyst : ville près de Bruges, au bord de la mer du Nord.

1. Mets ces phrases dans l'ordre (de 1 à 5).

a. Après plus de deux heures de voyage, les passagers survolent Lille.
b. Il fait nuit, les passagers admirent la lune.
c. Le ballon arrive au-dessus d'une ferme et il se pose à terre.
d. À trois heures du matin, les voyageurs passent au-dessus de Bruges.
e. Ils prennent le train pour Paris.

2. Coche la(les) réponse(s) exacte(s).

Pendant ce voyage, le ballon...

a. monte jusqu'à — 600 mètres ☐ 1500 mètres ☐ 2000 mètres ☐ 2350 mètres. ☐

b. survole — Nice ☐ Paris ☐ Lyon ☐ Lille ☐ Bruges ☐ Bruxelles. ☐

3. Complète avec : *loin, autour, dans, en face, sous.*

Nous voyageons ...... le ciel. Nous sommes ...... de la terre. Les étoiles brillent ...... de nous. La lune est ...... de nous et la terre est ...... les nuages.

4. Coche.

Pendant ce voyage, qu'est-ce que les passagers voient, sur la terre et dans le ciel ?

a. la lune ☐
b. un hôpital ☐
c. un météore ☐
d. les étoiles ☐
e. une fabrique de briques ☐
f. une école ☐
g. la mer ☐
h. une ferme ☐

5. Coche la bonne réponse.

À ton avis, pour Maupassant ce voyage...

a. n'est pas extraordinaire. ☐
b. est une merveilleuse expérience. ☐

Donne ton opinion...

a. Que penses-tu de ce voyage ?

b. Aimerais-tu faire un voyage en ballon dirigeable ? Justifie ta réponse.

Précise...

À l'aide d'une carte, cherche le voyage réalisé par *Le Horla* : Paris → Lille → Bruges.

Parle...

a. Quel(s) moyen(s) de transport utilises-tu en ville ? Pourquoi ?

b. Quel(s) moyen(s) de transport utilises-tu pour te promener à l'extérieur de la ville ? Lequel préfères-tu ? Justifie ta réponse.

c. Aimerais-tu faire un voyage dans l'espace ?

d. Penses-tu que d'autres planètes sont habitées ?

Imagine...

Imagine une interview des participants de ce voyage en ballon. Tu es journaliste et tu poses les questions aux voyageurs.

CORRIGÉS

L'Épave

page 3

1. b
2. b
3. c
4. b. XIXe siècle

page 11

1. a. faux b. vrai c. vrai d. faux
2. a. qui n'a pas de beaux monuments b. un jour gris c. avant le déjeuner d. à marée basse
3. a. tempête b. désert c. heure d. baleine
4. a - b

page 24

1. a. vrai b. faux c. vrai d. vrai
2. b - c - e
3. a. la solitude - la tristesse b. l'admiration - la joie
4. b

Le voyage du *Horla*

page 27

1. c
2. a
3. a - d - e - f

page 38

1. a. 2 b. 5 c. 1 d. 4 e. 3
2. a. un nouveau type de ballon b. le vernis c. Jovis d. expérimental
3. a. vrai b. faux c. faux d. vrai e. vrai
4. b

page 46

1. a. 2 b. 1 c. 4 d. 3 e. 5
2. a. 2350 mètres b. Paris - Lille - Bruges
3. dans - loin - autour - en face - sous
4. a - d - e - g - h
5. b

N° d'éditeur : 10155858
Imprimé en France par CPI France Quercy, 46090 Mercuès
Dépôt légal : janvier 2010 - N° d'impression : 92129b